I0200680

Paramahansa Yogananda

(1893 – 1952)

PARAMAHANSA YOGANANDA

HOE JE MET

GOD

KUNT PRATEN

Self-Realization Fellowship
FOUNDED 1920
Paramahansa Yogananda

OVER DIT BOEK: *Hoe je met God kunt praten* is samengesteld uit twee lezingen die Paramahansa Yogananda in 1944 heeft gegeven in de tempels van Self-Realization Fellowship in San Diego en Hollywood. In die tijd sprak hij op zondagen afwisselend in deze twee tempels. Vaak sprak hij op beide zondagen over hetzelfde onderwerp, maar ging hij in op andere aspecten ervan. Door de jaren heen werden zijn lezingen in steno genoteerd door Sri Daya Mata. Zij is een van zijn eerste en naaste volgelingen en had vanaf 1955 tot aan haar dood in 2010 als president de spirituele leiding over Self-Realization Fellowship. *How you can talk with God* werd voor het eerst uitgegeven in 1957 en is in meerdere talen vertaald.

Oorspronkelijke titel in het Engels uitgegeven door Self-Realization Fellowship, Los Angeles (Californië): *How You Can Talk With God*

ISBN-13: 978-0-87612-160-3
ISBN-10: 0-87612-160-1

Vertaald in het Nederlands door Self-Realization Fellowship
Copyright © 2016 Self-Realization Fellowship

Alle rechten voorbehouden. Afgezien van korte citaten in boekrecensies mag geen enkel deel van *Hoe je met God kunt praten* (*How You Can Talk With God*) in deze Nederlandse vertaling worden gereproduceerd, opgeslagen, overgedragen of vertoond, noch op enigerlei wijze (electronisch, mechanisch, of anderszins), in bestaande of later ontwikkelde technische middelen, worden overgenomen door middel van fotokopie, geluidsdrager, of enig ander opslagsysteem, zonder voorafgaande schriftelijke toestemming van Self-Realization Fellowship, 3880 San Rafael Avenue, Los Angeles, California 90065-3219, U.S.A.

geautoriseerd door de International Publications Council van Self-Realization Fellowship

De naam en het embleem (zoals boven getoond) van Self-Realization Fellowship vindt u op alle boeken, opnames en andere uitgaven van SRF. Hierdoor kunt u er zeker van zijn dat een werk is uitgegeven door de organisatie die Paramahansa Yogananda heeft opgericht en die zijn leer nauwgezet doorgeeft.

Eerste druk in het Nederlands door Self-Realization Fellowship, 2016
First edition in Dutch door Self-Realization Fellowship, 2016

deze druk 2016
this printing 2016

ISBN-13: 978-0-87612-635-6
ISBN-10: 0-87612-635-2

1419-J3265

De heerlijkheid van God is groot. Hij is echt en je kunt Hem vinden ... Als je je levensweg gaat zul je langzaam maar zeker tot het besef komen dat je alleen in God volledige vervulling kunt vinden, want God is het antwoord op alle verlangens van je hart.

– *Paramahansa Yogananda*

HOE JE MET

——⸎ GOD ⸎——

KUNT PRATEN

Uit lezingen van Paramahansa Yogananda op 19 en 26 maart 1944

*D*at we met God kunnen praten is een feit. In India ben ik erbij geweest toen heiligen in gesprek waren met God. Ook jij kunt met God praten; niet in een eenrichtingsgesprek, maar in een echt gesprek waarin je tegen God spreekt en Hij antwoord geeft. Natuurlijk kan iedereen *tegen* God praten. Waar ik vandaag over wil spreken is hoe we Hem kunnen overhalen antwoord te geven.

Waarom zouden we twijfelen? In alle heilige geschriften zijn talrijke beschrijvingen te vinden van gesprekken tussen God en de mens. Een van de mooiste voorbeelden vinden we in I Koningen, 3:5-13: "Jahwe verscheen 's nachts in een droom aan Salomo en zei: "Wat wil je dat ik je geef?" Salomo antwoordde … "Geef dan Uw dienaar een hart om te luisteren …" En God zei tot hem: "Omdat je juist dit gevraagd hebt en geen lang leven hebt gevraagd en ook geen rijkdom of de dood van je vijanden, maar alleen inzicht om te begrijpen wat juist is, daarom voldoe Ik aan je verzoek en geef Ik je een wijs hart … En ook wat je niet gevraagd hebt geef Ik je: rijkdom en aanzien."

Ook David had vaak gesprekken met God; hij besprak zelfs wereldse zaken met Hem.

David vroeg aan God: "Moet ik tegen de Filistijnen oprukken en zult U ze aan mij uitleveren?" En Jahwe antwoordde: "Ruk op en ik zal ze aan je uitleveren!" [1]

Alleen liefde kan God raken

De meeste mensen die tot God bidden, doen dat niet met het vuur van hun hart, maar alleen met hun verstand. Zulke gebeden zijn te zwak om een antwoord te krijgen. We moeten met God praten

[1] I Kronieken, 14:10.

zoals we dat doen met een vader of moeder, met vertrouwen en een gevoel van nabijheid. Onze relatie met God moet gebaseerd zijn op onvoorwaardelijke liefde. Vooral als we ons richten tot God als Moeder is het ons natuurlijke recht een antwoord te verlangen. God kan niet anders dan antwoord geven op een dergelijk gebed, want een moeder houdt van haar kind en vergeeft haar kind altijd. Het maakt haar niet uit hoe ernstig de fouten van het kind zijn. De relatie tussen moeder en kind is de mooiste vorm van menselijke liefde die God ons heeft gegeven.

Als je van God een duidelijk antwoord wilt ontvangen, moet je een concrete voorstelling van Hem hebben (bijvoorbeeld als Goddelijke Moeder). Bovendien moet je met kracht een antwoord van God verlangen. Een halfslachtig gebed is niet voldoende. Ook al krijg je jarenlang geen antwoord, als je vastbesloten bent: "Hij *zal* tegen me praten", als je hierin blijft geloven, als je Hem blijft vertrouwen, dan komt de dag dat Hij je zal antwoorden.

Ik heb talloze gesprekken met God gevoerd. Een aantal daarvan heb ik beschreven in de *Autobiografie van een yogi.* Ik was nog heel jong toen ik de Goddelijke Stem voor het eerst hoorde. Ik zat 's ochtends op mijn bed en was in gedachten verzonken.

"Wat is er achter de duisternis van gesloten ogen?" Deze vraag kwam met kracht in me omhoog. Onmiddellijk zag ik met mijn innerlijke blik een immense lichtflits. Op het grote scherm van stralend licht in mijn voorhoofd verschenen als miniatuurfilmbeelden de vormen van mediterende heiligen in berggrotten.

"Wie bent u?" zei ik hardop.

"We zijn de yogi's van de Himalaya." Het hemelse antwoord is moeilijk te beschrijven; er ging een golf van ontroering door me heen. Het visioen verdween, maar de zilverkleurige stralen breidden zich in steeds groter wordende cirkels uit tot in het oneindige.

Ik zei: "Wat is deze wonderlijke gloed?"

"Ik ben Ishwara (God). Ik ben Licht". De Stem was als het ruisen van wolken.

Mijn moeder en mijn oudste zus, Roma, waren in de buurt toen ik deze vroege ervaring had. Zij hebben de Goddelijke Stem ook gehoord. Het antwoord van God maakte me zo gelukkig dat ik vanaf dat moment vastbesloten was Hem te zoeken tot ik volledig één zou worden met Hem.

De meeste mensen denken dat er alleen maar duisternis is achter gesloten ogen. Maar als je je je geestelijk ontwikkelt en je concentreert op je derde oog in het voorhoofd, zul je ontdekken dat je innerlijke oog zich opent. Je zult een andere wereld zien, een wereld met vele lichten en grote schoonheid. Je zult visioenen krijgen van heiligen, zoals ik had van de yogi's van de Himalaya. Als je concentratie zich verder verdiept, zal ook jij de Stem van God horen.

De heilige schriften vertellen ons telkens weer van Gods belofte om met ons te praten. "En je zult Me zoeken, en vinden, als je Me zoekt met heel je hart." (Jeremia, 29:13)

"Jahwe is met je zolang jij bij Hem blijft. Als je Hem zoekt, laat Hij zich door jou vinden, maar als je Hem loslaat, laat Hij jou los." (II Kronieken, 15:2)

"Zie, ik sta voor de deur en klop aan. Als iemand mijn stem hoort, en open doet, kom ik bij hem binnen en eet met hem en hij met Mij." (Openbaring, 3:20)

Als je één keer "het brood kunt breken" met God - Zijn stilte kunt verbreken - zal Hij vaak met je praten. Maar in het begin is dit moeilijk. Het is niet gemakkelijk God te leren kennen want Hij wil er zeker van zijn dat je echt naar Hem verlangt. Hij stelt je op de proef om te zien of het je om Hem te doen is. Hij praat pas met je als Hij overtuigd is dat geen ander verlangen in je hart is verborgen. Waarom zou Hij zich aan je openbaren als je hart slechts vol is van verlangens naar Zijn gaven?

Liefde is het enige dat we God kunnen geven

De hele schepping is ontworpen als een test voor ons. Door de manier waarop we ons gedragen in deze wereld laten we zien of we God willen of Zijn gaven. God vertelt je niet dat je moet verlangen naar Hem boven al het andere, want Hij wil dat je je liefde uit jezelf geeft, zonder dat Hij hoeft aan te dringen. Dat is het hele geheim in het spel van dit deze wereld. Hij, die ons heeft geschapen, hunkert naar onze liefde. Hij wil dat wij die spontaan geven zonder dat Hij erom hoeft te vragen. Onze liefde is het enige dat God niet bezit, tenzij we zelf beslissen Hem die liefde te geven. Zelfs God ontbreekt het dus aan iets: onze liefde. En we zullen niet gelukkig zijn zolang we Hem die niet geven. Zolang we dwarse kinderen zijn, klein grut dat op deze aardklomp rondkruipt en Hem smeekt om Zijn gaven, terwijl we Hemzelf negeren, raken we telkens weer verstrikt in allerlei ellende.

Omdat God het Wezen is van ons bestaan, kunnen we onszelf niet werkelijk tot uitdrukking brengen zolang we Zijn aanwezigheid in onszelf niet zichtbaar kunnen maken. Dit is de waarheid. Het is omdat we Goddelijke wezens zijn, deel van Hem, dat we geen blijvende voldoening kunnen vinden in het materiële. "Diegene die Mij niet in zijn hart sluit zal nergens beschutting vinden."[2] Zolang je je vervulling niet hebt gevonden in God zul je die ook nergens anders vinden.

[2] *De hemelse jachthond*, door Francis Thompson.

Is God persoonlijk of onpersoonlijk?

*I*s God persoonlijk of onpersoonlijk? Het antwoord op deze vraag zal je helpen bij je pogingen met God te praten. Veel mensen zien God liever niet als persoon; ze beschouwen een antropomorfe voorstelling van God als beperkend. Voor hen is Hij Onpersoonlijke Geest, Alomvattende Kracht, de Intelligente Energie die het universum voortbrengt.

Maar als onze schepper onpersoonlijk is, hoe komt het dan dat Hij mensen heeft geschapen? We zijn persoonlijk, we hebben individualiteit. We denken, we voelen, we willen, en God heeft ons niet alleen het vermogen gegeven de gedachten en gevoelens van anderen te herkennen, maar ook om erop te reageren. God Zelf zal toch niet verstoken zijn van het principe van wederkerigheid dat Zijn eigen schepselen bezielt? Als we het toelaten kan en zal de Hemelse Vader een persoonlijke relatie met ieder van ons opbouwen.

Als we denken aan het onpersoonlijke aspect van God ontstaat het beeld van een Wezen ergens ver weg, dat onze stille gebeden wel hoort, maar niet reageert. Een Wezen dat alles weet en toch een harteloos stilzwijgen bewaart. Maar dit is een filosofische denkfout, want God is allebei: zowel persoonlijk als onpersoonlijk. Hij heeft personen geschapen, mensen. Als hun Schepper kan Hij niet volledig onpersoonlijk zijn.

De gedachte dat God een menselijke vorm kan aannemen, bij ons kan komen en met ons kan praten komt tegemoet aan een diepe menselijke behoefte van ons hart. Waarom doet Hij dat dan niet voor iedereen? Veel heiligen hebben de stem van God gehoord. Waarom jij dan niet? "U, mijn God, bent onzichtbaar, onpersoonlijk, onbekend en onkenbaar; toch geloof ik dat U door de kracht van mijn devotie kunt 'stollen' in een vorm."

Door je intense devotie voor God kun je Hem overhalen in een persoonlijke vorm aan je te verschijnen. Als je met hart en ziel bidt, kan ook jij het levende lichaam van Christus zien, net als Sint Franciscus van Assisi en andere heiligen. Jezus was een persoonlijke manifestatie van God. Hij die Brahma (God) kent is Brahma zelf. Heeft Christus niet gezegd: "Ik en de Vader zijn één." [3] Ook Swami Shankara verklaarde: "Ik ben Geest" en "Jijzelf bent Dat." We hebben de getuigenissen van veel grote profeten dat alle mensen geschapen zijn naar het beeld van God.

Ik ontvang veel van mijn kennis van God, niet uit boeken. Ik lees weinig. Ik vertel je wat ik zelf direct heb ervaren. Daarom spreek ik met autoriteit, de autoriteit van mijn directe waarneming van de Waarheid. De hele wereld mag een andere mening hebben, maar uiteindelijk zal altijd de autoriteit van de directe waarneming erkend worden.

De mens als "beeld van God"

*I*n de bijbel lezen we: "want naar Zijn beeld heeft God de mens gemaakt." [4]

In verschillende opzichten is de mens geschapen naar het beeld van God. Niemand heeft ooit volledig uitgelegd hoe de mens het beeld van God is. God is Geest en in zijn wezen is de mens ook Geest.

---

[3] Johannes, 10:30.
[4] Genesis, 9:6.

Dat is de voornaamste betekenis van de Bijbeltekst, maar er zijn nog veel meer juiste interpretaties.

Het hele menselijk lichaam en het bewustzijn en de activiteit erin zijn een microkosmische weerspiegeling van God. Bewustzijn is alwetend en alomtegenwoordig. In gedachten kun je onmiddellijk op de poolster of Mars zijn. In gedachten bestaat geen kloof tussen jezelf en al het andere. Dus kunnen we, op basis van het bewustzijn van de mens, zeggen dat hij is gemaakt naar Gods beeld.

Bewustzijn is van zichzelf bewust en neemt zichzelf intuïtief waar. God is Zich, door Zijn kosmisch bewustzijn, van Zichzelf bewust in ieder atoom van de schepping. "Zijn twee mussen niet te koop voor een penning? Toch zal niet een ervan op de grond vallen zonder dat jullie Vader het wil."[5]

De mens heeft ook het aangeboren vermogen tot kosmisch bewustzijn, al zijn er maar weinig mensen die het ontwikkelen. De mens heeft ook een wil, waardoor hij, net als de Schepper, ogenblikkelijk nieuwe werelden kan scheppen, maar slechts weinigen ontwikkelen dit vermogen dat ze in zich

[5] Mattheus, 10:29.

hebben. Dieren kunnen niet nadenken, maar de mens wel. Alle eigenschappen van God: bewustzijn, verstand, wilskracht, gevoel en liefde heeft de mens ook. Deze eigenschappen laten zien dat de mens is geschapen naar het beeld van God.

Het fysieke lichaam is geen materie, maar energie

*D*e energie die we in ons lichaam voelen wijst op het bestaan van een veel grotere kracht dan nodig is om het lichaam te laten functioneren. De kosmische kracht die werelden in stand houdt, trilt ook in ons lichaam. Kosmische energie is een aspect van God. Dat betekent dat we ook in fysiek opzicht naar Zijn beeld zijn geschapen.

Wat is de energie in ons lichaam? Ons lichaam bestaat uit moleculen, moleculen bestaan uit atomen, atomen bestaan uit elektronen en elektronen bestaan uit levenskracht ofwel 'lifetrons' ('vitronen') – ontelbare miljarden stipjes energie. Met je geestelijke oog kun je het lichaam zien als een massa fonkelende stipjes licht – de energie die jouw 27.000

miljard cellen uitstralen. Het lijkt of we een lichaam hebben van vlees en bloed, maar dat is een illusie. In werkelijkheid is het geen materie, maar energie.

Omdat je denkt dat je uit vlees en bloed bestaat zie je jezelf soms als zwak. Maar als je Gods bewustzijn in je lichaam gewaarwordt, besef je dat het lichaam niets meer is dan een fysieke verschijningsvorm van de vijf trillingselementen: aarde, water, vuur, lucht en ether.

Het menselijk lichaam bestaat uit vijf universele elementen

*H*et heelal – dat het lichaam van God is - bestaat uit dezelfde vijf elementen als ons lichaam. De vijfpuntige stervorm van het menselijk lichaam stelt de stralen van deze vijf elementen voor. Het hoofd, de twee handen en de twee voeten vormen de vijf punten van de ster. Dus ook in dit opzicht zijn we geschapen naar het beeld van God.

De vijf elementen van de intelligente, kosmische trilling die het bouwwerk van de schepping in stand houden, vinden we ook terug in onze vijf vingers.

De duim staat voor het meest grove element: aarde, vandaar zijn dikte. De wijsvinger staat voor het waterelement. De middelvinger staat voor het opspringende vuurelement. Daarom is deze vinger het langst. De ringvinger staat voor lucht. De pink staat voor het heel fijne etherelement.

Door over een vinger te wrijven activeren we de specifieke kracht waar deze voor staat. Zo zal het wrijven van de middelvinger (staat voor het vuurelement) en de navel (tegenover het lumbale of 'vuur'centrum in de wervelkolom dat de spijsvertering en assimilatie regelt) helpen bij spijsverteringsklachten.

God uit zich in de schepping ook als beweging. De mens heeft benen en voeten ontwikkeld vanuit de behoefte uitdrukking te geven aan beweging. De tenen zijn fysieke verschijningsvormen van de vijf energiestralen.

De ogen staan voor God de Vader, de Zoon en de Heilige Geest in respectievelijk de pupil, de iris en het oogwit. Als je je aandacht richt op het punt tussen de wenkbrauwen, wordt de energiestroom in de twee ogen weerspiegeld als één licht en zie je het geestelijk oog. Deze ronde vorm is het enkelvoudige "oog van God". We hebben twee ogen ontwikkeld onder invloed van de wet van de relativiteit die ons dualistische universum kenmerkt. Jezus zei: " De lichtbron van het lichaam is het oog. Als dus je oog enkelvoudig is, zal je hele lichaam lichtend zijn." [6] Als we kijken door het geestelijke oog, het enkelvoudige oog van God, zien we dat de hele schepping is gemaakt uit slechts één substantie: Zijn licht.

Eén met God, één met Gods macht

In de ultieme zin heeft de mens alle macht. Je kunt veranderen wat je maar wilt als je bewustzijn met dat van God is verenigd. Auto-onderdelen kunnen worden vervangen of gerepareerd wanneer nodig; maar het is minder eenvoudig op die manier iets aan het menselijk lichaam te veranderen. Onze gedachten, die alle cellen besturen, vormen hiervoor de basis. Wie zijn denken volledig onder controle heeft kan uit vrije wil zijn cellen en

[6] Mattheus, 6:22.

lichaamsdelen vervangen of veranderen zo vaak hij wil. Hij kan bijvoorbeeld met één enkele gedachte zijn atomen veranderen en een compleet nieuw gebit laten ontstaan. Mensen die spiritueel hoog ontwikkeld zijn hebben volledige beheersing over de materie.

God is Geest; het Onpersoonlijke is onzichtbaar. Toen Hij de fysieke wereld schiep werd Hij God de Vader. Maar toen Hij de rol van Schepper op zich nam, werd Hij persoonlijk. Hij werd zichtbaar: dit hele universum is het lichaam van God.

In de vorm van de aarde heeft Hij een positieve en negatieve kant: de Noordpool en de Zuidpool. De sterren zijn Zijn ogen, het gras en de bomen zijn Zijn haar en de rivieren zijn Zijn bloedstroom. Alle geluiden van de Schepping zijn Zijn stem: het gebulder van de oceaan, het lied van de leeuwerik, het huilen van een pasgeboren baby. Dit is de persoonlijke God. In alle harten klopt de hartslag van Zijn kosmische energie. Hij loopt door de miljoenen voeten van de hele mensheid. Hij werkt door alle handen. Hij is het Ene Goddelijke Bewustzijn dat zich manifesteert in alle hersenen.

Door Gods wet van aantrekking en afstoting worden de cellen van het menselijk lichaam in harmonie bij elkaar gehouden net zoals de sterren in evenwicht worden gehouden in hun eigen baan. God, die in alles aanwezig is, is altijd actief; er is geen plek waar niet een of andere vorm van leven is. Met grenzeloze verkwisting projecteert Hij voortdurend een rijkdom aan vormen – onuitputtelijke manifestaties van Zijn kosmische energie.

Bij het scheppen had de Goddelijke Geest een specifiek idee of patroon voor ogen. Eerst bracht Hij het hele universum tot stand en daarna schiep Hij de mens. Toen Hij voor Zichzelf een fysiek lichaam van planetaire systemen vormde, manifesteerde Hij drie aspecten: kosmisch bewustzijn, kosmische energie en kosmische massa ofwel materie.

In de mens zien we deze drie aspecten terug in het conceptuele ofwel causale lichaam, het astrale ofwel energielichaam en het fysieke lichaam. De ziel of het Leven achter deze lichamen is de Geest.

Op macrokosmisch niveau manifesteert de Geest zich als kosmisch bewustzijn, kosmische energie en de universums als lichaam. Op microkosmisch

niveau manifesteert Geest zich als menselijk bewustzijn, menselijke energie en het menselijk lichaam. Ook hier zien we dat de mens is geschapen
naar het beeld van God.

Trilling is de stem van God

*G*od verschijnt *wel degelijk* in een fysieke vorm
aan ons. Hij is persoonlijker dan je je kunt voor-
stellen. Hij is even echt en werkelijk als jij. Daar wil
ik het vandaag over hebben. God reageert voortdurend op ons. De trilling van Zijn gedachten wordt
onophoudelijk uitgezonden. Daar is energie voor
nodig en die manifesteert zich als geluid. Dit is een
krachtig punt. God is bewustzijn. God is energie.
'Praten' is trilling. In de trilling van Zijn kosmische
energie praat Hij voortdurend. Hij is de Moeder
van de schepping geworden, die Zich manifesteert
als vaste stof, vloeistof, vuur, lucht en ether.

De onzichtbare Moeder brengt Zichzelf voortdurend tot uitdrukking in zichtbare vormen – in
bloemen, bergen, zeeën en sterren. Wat is materie?
Niets meer dan een bepaalde trillingsfrequentie van

Gods kosmische energie. Niets in het universum bestaat werkelijk uit vaste materie. Alles wat vast lijkt, is niets meer dan een compacte of grove trilling van Zijn energie. God praat met ons door trilling. De vraag is nu, hoe kunnen we rechtstreeks met Hem in contact komen? Dat is de het aller-moeilijkste om voor elkaar te krijgen: praten met God.

Als je tegen een berg praat, krijg je geen antwoord. Praat je tegen bloemen, zoals Luther Burbank deed, dan voel je misschien een subtiele reactie. En natuurlijk kunnen we met andere mensen praten. Is God dan minder bereid te reageren dan bloemen en mensen, dat Hij ons maar laat praten en nooit antwoord geeft? Zo lijkt het wel. Maar het probleem ligt bij ons, niet bij Hem. Onze intuïtieve telefoonverbinding functioneert niet goed. God belt ons en praat met ons, maar wij horen Hem niet.

De kosmische trilling 'spreekt' alle talen

*M*aar heiligen horen God wel. Zo ook een meester die ik heb gekend. Altijd als Hij bad

bron: *Kalyana-Kalpataru*

DE GODDELIJKE MOEDER

God in Zijn aspect van de Goddelijke Moeder wordt in hindoe kunst afgebeeld als een vrouw met vier armen. Eén hand is opgeheven als teken van universele zegen. In de andere drie handen draagt ze symbolische voorwerpen: gebedskralen die staan voor devotie; bladzijden uit de heilige geschriften voor kennis en wijsheid, en een kruik met heilig water voor zuivering.

antwoordde God hem met een stem die uit de lucht leek te komen. God heeft geen stembanden nodig om te spreken. Als je krachtig genoeg bidt, brengen de trillingen van je gebed onmiddellijk een reactie in de vorm van trilling. Deze reactie manifesteert zich in de taal waaraan je bent gewend. Als je in het Duits bidt, krijg je antwoord in het Duits. Als je Engels spreekt, komt het in het Engels.

De trillingen van de verschillende talen komen voort uit de kosmische trilling. God, die de kosmische trilling is, kent alle talen. Wat is taal? Taal is een bepaalde trilling. Wat is trilling? Trilling is een bepaalde energie. Wat is energie? Energie is een bepaalde gedachte.

God hoort al onze gebeden, maar Hij geeft niet altijd antwoord. Onze situatie is die van een kind dat om Zijn moeder roept. De moeder vindt het niet nodig te komen en stuurt het kind een speeltje om het zoet te houden. Maar als het kind zich door niets anders laat troosten dan de moeder zelf, dan komt ze. Als je God wilt kennen moet je als het kleine kind zijn, dat blijft roepen om zijn moeder totdat ze komt. Als je vastbesloten bent niet op te houden Haar te roepen zal de Goddelijke Moeder met je praten. Hoe druk ze ook is met Haar huishouden, de schepping, als je haar blijft roepen moet Ze wel antwoorden. In de hindoe geschriften staat: als je een dag en een nacht lang ononderbroken met intense devotie met God praat, zal Hij antwoorden. Maar hoeveel mensen doen dat? Elke dag heb je "belangrijke afspraken" – dit is de 'duivel' die je bij God weghoudt. God komt niet als je een kort gebedje zegt en dan aan iets anders denkt; of als je zo bidt: "Hemelse Vader, ik roep u, maar ik heb zo'n slaap. Amen". Paulus zei: "Bidt onophoudelijk." [7]

De geduldige Job had lange gesprekken met God. Job zei tegen Hem: "Luister, smeek ik U, ik wil spreken. Ik zal U dringend vragen U te tonen, laat U zien. Alleen van horen zeggen kende ik U, nu heb ik U gezien met eigen ogen." [8]

Als iemand uit routine tegen zijn geliefde zegt dat hij van haar houdt, weet ze dat hij niet oprecht is; ze 'hoort' wat er werkelijk leeft in zijn hart. Zo is het ook als wij tot God bidden. Hij weet het als in

[7] Thessalonicenzen, 5:17.
[8] Job, 42:4-5.

ons hart en onze gedachten geen devotie is en onze gedachten alle kanten opschieten. Hij geeft geen antwoord op halfslachtige gebeden. Maar aan degenen die dag en nacht hartstochtelijk God aanbidden en met Hem praten, verschijnt Hij. Daar kun je van op aan.

Neem geen genoegen met minder dan het allerhoogste

Verdoe je tijd niet met streven naar kleinigheden. Natuurlijk is het gemakkelijker andere gaven van God te krijgen dan de allerhoogste gave: God zelf. Maar neem geen genoegen met minder dan het allerhoogste Ik hecht niet veel waarde aan alles wat ik van God heb gekregen, behalve dat ik Hem, de Gever, erachter zie. Waarom zijn al mijn wensen vervuld? Omdat ik diep ga, rechtstreeks naar God. Ik zie Hem in ieder aspect van de schepping. Hij is onze Vader. Hij is dichterbij dan wie het dichtst bij je staan, dierbaarder dan je meest dierbaren, echter dan wie ook. Hij is onkenbaar en kenbaar tegelijk.

God roept je. Hij wil dat je naar Hem terugkeert.

Het is je geboorterecht. Er komt een dag dat je deze aarde moet verlaten; dit is geen vaste verblijfplaats voor jou. Het leven op aarde is maar een leerschool waar Hij ons naartoe heeft gestuurd om te zien hoe we ons gedragen, meer niet. Voordat Hij zich aan ons laat zien, wil God weten of we verlangen naar het aardse klatergoud of dat we genoeg wijsheid hebben vergaard om te zeggen:

"Ik heb genoeg van dit alles, God. Ik wil alleen nog met U praten. Ik weet dat U het enige bent dat echt van mij is. U zult bij mij zijn als alle anderen zijn verdwenen."

Mensen zoeken hun geluk in het huwelijk, in geld, in drank, enzovoort. Maar op die manier zijn we een speelbal van het lot. Als we dit eenmaal beseffen, ontdekken we het werkelijke doel van het leven en beginnen we als vanzelf onze zoektocht naar God.

We moeten ons verloren goddelijk erfdeel op-eisen. Hoe onzelfzuchtiger je bent, en je inzet voor het geluk van anderen, hoe groter de kans dat je denkt aan God.

En hoe meer je bezig bent met wereldse dingen

en menselijke verlangens, des te verder trekt de vreugde van de ziel zich terug. We zijn niet op deze aarde gezet om rond te kruipen in het slijk van de zintuigen en om de haverklap onderuit te gaan. De dingen van de wereld zijn schadelijk omdat ze de vreugde van de ziel onderdrukken. We ervaren het grootste geluk als we onze geest helemaal laten opgaan in de gedachte aan God.

Waarom geluk uitstellen?

*W*aarom denk je niet vooruit? Waarom maak je bijzaken zo belangrijk? De meeste mensen zijn met hun aandacht bij hun ontbijt, lunch en avondeten, hun werk, sociale activiteiten enzovoort. Maak je leven eenvoudiger en richt al je aandacht op God. Op aarde gaat het erom ons voor te bereiden op onze terugkeer naar God. Hij wil zien of we meer van Hem houden dan van Zijn gaven. Hij is de Vader en wij zijn allemaal Zijn kinderen. Hij heeft recht op onze liefde en wij hebben recht op Zijn liefde. We komen in de problemen doordat we Hem verwaarlozen. Maar Hij wacht voortdurend op ons.

Ik zou alleen willen dat Hij ons wat meer verstand had gegeven. We hebben de vrijheid om God te verwerpen of te accepteren. En kijk dan eens hoe we alsmaar aan het smeken zijn, smeken om een beetje geld, een beetje geluk, een beetje liefde. Waarom zou je vragen om dingen die je ooit weer achter je moet laten? Hoe lang blijf je klagen over geld, ziekte en problemen? Ga op zoek naar je onsterfelijkheid en het koninkrijk van God. Dat is wat je werkelijk wilt.

Een goddelijk koninkrijk staat op het spel

*D*e heiligen benadrukken het belang van onthechting zodat niet één sterke wereldse gehechtheid ons in de weg staat het hele koninkrijk van God te verwerven. Onthechting wil niet zeggen dat we van alles afstand moeten doen; het betekent het opgeven van kleine vormen van genot voor eeuwig geluk. God praat met je als je voor Hem werkt en onafgebroken met Hem praat. Vertel Hem alles wat in je opkomt. Zeg tegen Hem: "Kom bij me, God, kom bij me". Neem geen genoegen met Zijn stilte. Eerst zal Hij je iets geven wat je graag wilt hebben. Zo laat Hij je merken dat Hij je heeft gehoord. Maar neem geen genoegen met wat Hij te geven heeft. Laat Hem weten dat je nooit tevreden zult zijn met minder dan Hemzelf. Uiteindelijk zal Hij je antwoord geven. Misschien zie je in een visioen het gezicht van een heilige of hoor je een goddelijke stem iets tegen je zeggen. En dan zul je weten dat je verbonden bent met God.

Om Hem over te halen Zichzelf te geven is je voortdurende enthousiaste inzet nodig. Dat is iets dat niemand je kan leren, dat moet je zelf ontwikkelen. "Je kunt een paard naar het water leiden, maar je kunt het niet dwingen te drinken." Maar als het paard dorst heeft zoekt hij zelf met overgave het water. Dus als je een onverzadigbare dorst hebt naar God, als je aan niets anders onnodig belang hecht– de beproevingen van de wereld of die van het lichaam – dan zal Hij komen. Als je hart vurig naar God verlangt, als je geen enkele excuus meer accepteert, dan zal Hij komen.

Verban alle twijfel of God wel zal antwoorden

uit je gedachten. De meeste mensen krijgen geen antwoord omdat ze er niet in geloven. Als je vastbesloten bent iets te bereiken, kan niets je tegenhouden. Door op te geven roep je je eigen falen af over jezelf. Een succesvol mens kent het woord "onmogelijk" niet.

Vertrouwen is de grenzeloze kracht van God in jou. God weet door Zijn bewustzijn dat Hij alles heeft geschapen; dus vertrouwen betekent dat we weten en overtuigd zijn dat we geschapen zijn naar het beeld van God. Als we zijn afgestemd op Zijn bewustzijn in ons, kunnen we werelden scheppen. Vergeet niet, in jouw wil ligt de kracht van Gods almacht. Als je problemen zich opstapelen, maar je weigert op te geven, dan zul je merken dat God je antwoordt.

God is kosmische trilling, ofwel het Woord. Als het Woord zoemt God door alle atomen. Er komt een muziek uit het universum die iemand die diep mediteert kan horen. Nu, op dit moment hoor ik Zijn stem. De kosmische klank[9] die je in meditatie

[9] Aum (Om), de bewuste, intelligente, kosmische trilling of Heilige Geest.

hoort is de stem van God. Die klank vormt zichzelf tot taal die je verstaat. Soms, als ik luister naar Aum, en God naar iets vraag, verandert die Aum klank in Engels of Bengali en vertelt me dan precies wat ik moet doen.

God praat ook met ons door onze intuïtie. Als je leert luisteren[10] naar de kosmische trilling, wordt het gemakkelijker Zijn stem te horen. Maar zelfs als je gewoon tot God bidt via de kosmische ether, zal, als je wil sterk genoeg is, de ether antwoorden met Zijn stem. Hij praat voortdurend tegen je. Hij zegt: "Roep Mij, spreek met Mij vanuit je diepste innerlijk, met hart en ziel, met heel je wezen, met indringende vastberadenheid, vastbesloten om Mij te blijven zoeken, ook al geef ik keer op keer geen antwoord. Als je hart tegen Mij blijft fluisteren, 'Oh, mijn stille Geliefde, spreek met me', dan zal ik bij je komen, Mijn kind."

Als je maar één keer Gods antwoord hebt gekregen, zul je altijd voelen dat Hij bij je is. Deze goddelijke ervaring zal altijd bij je blijven. Maar die éne

---

[10] Met een bepaalde eeuwenoude techniek die je leert in de *Self-Realization Fellowship Lessons.*

keer is moeilijk omdat we niet overtuigd zijn; door onze oude, materialistische overtuigingen sluipt de twijfel binnen in ons hart en onze geest.

God antwoordt het hart: fluisteringen van ware volgelingen

*G*od geeft ieder mens antwoord, ongeacht status, geloof of huidskleur. In het Bengali is er een uitdrukking die aangeeft dat als je met heel je hart en ziel roept tot God als de universele Moeder, Ze niet stil kan blijven. Ze moet antwoord geven. Is dat niet mooi?

Denk na over de dingen die vandaag in mij zijn opgekomen en die ik jullie heb verteld. Twijfel nooit meer dat God je zal antwoorden als je je onafgebroken en met volharding tot Hem richt. "En Jahwe sprak met Mozes van aangezicht tot aangezicht, zoals iemand spreekt met zijn vriend." [11]

[11] Exodus, 33:11.

OVER DE AUTEUR

"Het ideaal van liefde voor God en dienstbaarheid aan de mensheid kwam tot volle bloei in het leven van Paramahansa Yogananda ... Hoewel hij het grootste deel van zijn leven buiten India heeft doorgebracht wordt hij gezien als één van onze grote heiligen. Zijn werk groeit in omvang en aantrekkingskracht. Het brengt meer en meer mensen wereldwijd naar het pad van zelfrealisatie."

- uit een eerbetoon van de Indiase regering aan Paramahansa Yogananda bij de uitgave van een herdenkingspostzegel ter gelegenheid van zijn 25e sterfdag.

Paramahansa Yogananda werd op 5 januari 1893 geboren in India. Het was zijn levensmissie om mensen van alle rassen en geloofsovertuigingen te helpen om de schoonheid, edelmoedigheid en ware goddelijkheid van de menselijke geest tot uitdrukking te brengen in hun leven.

Nadat hij in 1915 zijn bachelorstudie aan de universiteit van Calcutta had afgesloten legde hij zijn geloften af als monnik van de Indiase religieuze Swami orde. Twee jaar later begon hij zijn levenswerk met de oprichting van de eerste 'levensschool', een school waar naast de reguliere schoolvakken ook yogatraining en onderwijs in spirituele idealen onderdeel vormen van het curriculum. Tegenwoordig zijn er 21 van deze onderwijsinstellingen verspreid over India. In 1920 werd hij als gedelegeerde van India uitgenodigd voor een Internationaal Congres van Religieuze Liberalen in Boston. Zijn toespraak aan het Congres en zijn latere lezingen langs de Amerikaanse oostkust werden enthousiast ontvangen. In 1924 begon hij aan een rondreis door Amerika om lezingen te geven.

In de dertig jaar daarop groeide in het Westen het bewustzijn en de waardering voor de spirituele wijsheid van het Oosten enorm, mede dankzij de inspanningen van Paramahansa Yogananda. In Los Angeles vestigde hij het internationale hoofdkwartier van Self-Realization Fellowship, de religieuze organisatie die hij in 1920 oprichtte. [1] Door zijn geschriften, talrijke lezingen en de oprichting van vele tempels en meditatiecentra van Self-Realization Fellowship, maakten duizenden waarheidszoekers kennis met de eeuwenoude yogawetenschap en yogafilosofie. Bovendien bracht hij hen in contact met algemeen toepasbare yoga meditatietechnieken.

Tegenwoordig wordt het spirituele en humanitaire werk waarmee Paramahansa Yogananda is begonnen voortgezet onder leiding van Sri Mrinalini Mata, één van de trouwste volgelingen. Zij is sinds 2010 President van Self-Realization Fellowship/Yogoda Satsanga Society of India. De organisatie is verantwoordelijk voor het uitgeven van zijn geschriften, lezingen en informele toespraken (onder andere een uitgebreide lessenserie voor thuisstudie). Daarnaast zorgt ze voor haar tempels, retraitecentra en meditatiegroepen over de hele wereld en leidt ze de religieuze gemeenschappen van de Self-Realization Fellowship Orde. Ten slotte organiseert

[1] Letterlijk: 'Genootschap voor Zelf-realisatie'. Paramahansa Yogananda heeft uitgelegd dat de naam Self-Realization Fellowship duidt op "verbondenheid met God door Zelf-verwerkelijking, en verwantschap met allen die de waarheid zoeken." Zie ook 'Aims and Ideals of Self-Realization Fellowship', hieronder vertaald als 'Doelstellingen en Idealen van Self-Realization Fellowship'.

ze een wereldwijde gebedskring.

In een artikel over het leven en werk van Paramahansa Yogananda schreef Dr. Quincy Howe, hoogleraar Oude Talen aan het Scripps College: "Paramahansa Yogananda bracht niet alleen India's eeuwigdurende belofte dat we God kunnen vinden, maar ook een praktische techniek waarmee iedereen die deze spirituele weg volgt snel vorderingen maakt. Oorspronkelijk werd de spirituele erfenis van India in het Westen vooral op een abstract, theoretisch niveau gewaardeerd. Nu kan iedereen die God al in dit leven wil leren kennen deze aloude leer zelf beoefenen en ervaren. Yogananda heeft de meest hoogstaande meditatietechnieken voor alle mensen toegankelijk gemaakt."

DOELSTELLINGEN EN IDEALEN VAN SELF-REALIZATION FELLOWSHIP

zoals opgesteld door Paramahansa Yogananda, stichter, en voortgezet door Sri Mrinalini Mata, president

Mensen over de hele wereld vertrouwd te maken met duidelijk omschreven, wetenschappelijke technieken die leiden tot directe, persoonlijke Godservaring.

Mensen te leren dat het doel van het leven is: met eigen inzet het beperkte, sterfelijke bewustzijn te verruimen tot Godsbewustzijn.

Met dit doel wereldwijd tempels van Self-Realization Fellowship op te richten, waar mensen contact kunnen maken met God.

Mensen aan te sporen om in hun eigen huis en hart een tempel van God te vestigen.

Aan te tonen dat het oorspronkelijke christendom, zoals door Jezus Christus onderwezen, overeenstemt en in wezen één is met de oorspronkelijke yoga, zoals door Bhagavan Krishna onderwezen.

Te laten zien dat die gemeenschappelijke waarheid de wetenschappelijke basis vormt van alle ware religies.

Mensen de ene goddelijke hoofdweg te wijzen waar alle ware geloofsrichtingen uiteindelijk samenkomen: het pad van dagelijkse, wetenschappelijke meditatie op God.

Mensen te bevrijden van hun drievoudige lijden: lichamelijke ziekte, psychische onevenwichtigheid en spirituele onwetendheid.

Aan te sporen tot eenvoudig leven en verheven gedachten.

De geest van ware broederschap over de hele wereld te verspreiden door mensen te wijzen op de eeuwige basis van hun eenheid: verbondenheid met God.

Aan te tonen dat de geest superieur is aan het lichaam, en de ziel superieur aan de geest.

Het kwaad te boven te komen door het goede, verdriet door vreugde, wreedheid door zachtmoedigheid, onwetendheid door wijsheid.

Wetenschap en religie te verenigen door het besef dat ze op dezelfde principes berusten.

Cultureel en spiritueel begrip tussen het Oosten en het Westen te bevorderen door de uitwisseling van hun beste eigenschappen.

Dienstbaar te zijn aan de mensheid als zijn grotere Zelf.

BOEKEN IN HET NEDERLANDS DOOR PARAMAHANSA YOGANANDA

Autobiografie van een yogi

De wet van het succes

Intuïtie:
Leiding vanuit de ziel bij beslissingen in het leven

Uitspraken van Paramahansa Yogananda

Waarom God het kwaad toelaat
en hoe je het kunt ontstijgen

BOEKEN IN HET ENGELS DOOR PARAMAHANSA YOGANANDA

Verkrijgbaar in de boekhandel of direct van de uitgever:
Self-Realization Fellowship
3880 San Rafael Avenue • Los Angeles,
California 90065-3219, U.S.A.
Tel (** 323) 225-2471 • Fax (** 323) 225-5088
www.yogananda-srf.org

Autobiography of a Yogi

The Second Coming of Christ:
The Resurrection of the Christ Within You
(Een onthullend commentaar op de oorspronkelijke
leer van Jezus)

God Talks with Arjuna: The Bhagavad Gita
(Een nieuwe vertaling met commentaar)

Man's Eternal Quest
(Deel I van Paramahansa Yogananda's lezingen
en informele voordrachten)

The Divine Romance
(Deel II van Paramahansa Yogananda's lezingen,
informele voordrachten en essays)

Journey to Self-Realization
(Deel III van Paramahansa Yogananda's lezingen
en informele voordrachten)

Wine of the Mystic:
The Rubaiyat of Omar Khayyam — A Spiritual Interpretation
(Een geïnspireerd commentaar dat de mystieke wetenschap
van de verbinding met God, zoals verborgen achter de enig-
matische beeldtaal van de Rubaiyat, aan het licht brengt)

Where There Is Light:
Insight and Inspiration for Meeting Life's Challenges

Whispers from Eternity
(Een verzameling van Paramahansa Yogananda's gebeden
en goddelijke ervaringen in de hogere meditatiefasen)

The Science of Religion

The Yoga of the Bhagavad Gita:
An Introduction to India's Universal Science of God-Realization

The Yoga of Jesus:
Understanding the Hidden Teachings of the Gospels

In the Sanctuary of the Soul:
A Guide to Effective Prayer

Inner Peace:
How to Be Calmly Active and Actively Calm

To Be Victorious in Life

Why God Permits Evil and How to Rise Above It

Living Fearlessly:
Bringing Out Your Inner Soul Strength

How You Can Talk With God

Metaphysical Meditations
(Meer dan 300 inspirerende overdenkingen,
gebeden en affirmaties)

Scientific Healing Affirmations
(Paramahansa Yogananda's diepgaande uitleg waarom
en hoe affirmaties effectief kunnen zijn)

Sayings of Paramahansa Yogananda
(Een verzameling van uitspraken en wijze raad gebaseerd op
Paramahansa Yogananda's eerlijke en liefdevolle antwoorden
aan wie zich tot hem wendden om ondersteuning)

Songs of the Soul
(Mystieke poëzie van Paramahansa Yogananda)

The Law of Success
(Een uitleg van de dynamische principes hoe je je doelen
in het leven kunt bereiken)

Cosmic Chants
(Engelse tekst en muziek bij 60 devotionele liederen; met een
inleiding waarin uitgelegd wordt hoe chanting kan leiden tot
de ervaring van Gods nabijheid)

AUDIO OPNAMEN VAN PARAMAHANSA YOGANANDA

Beholding the One in All

The Great Light of God

Songs of My Heart

To Make Heaven on Earth

Removing All Sorrow and Suffering

Follow the Path of Christ, Krishna, and the Masters

Awake in the Cosmic Dream

Be a Smile Millionaire

One Life Versus Reincarnation

In the Glory of the Spirit

Self-Realization: The Inner and the Outer Path

Andere publicaties van
SELF-REALIZATION FELLOWSHIP

Een volledige catalogus met alle publicaties en audio opnamen van Self-Realization Fellowship is verkrijgbaar op verzoek

The Holy Science
door Swami Sri Yukteswar

Only Love:
Living the Spiritual Life in a Changing World
door Sri Daya Mata

Finding the Joy Within You:
Personal Counsel for God-Centered Living
door Sri Daya Mata

God Alone:
The Life and Letters of a Saint
door Sri Gyanamata

"Mejda":
The Family and the Early Life of Paramahansa Yogananda
door Sananda Lal Ghosh

Self-Realization
(een kwartaaltijdschrift, in 1925 opgezet
door Paramahansa Yogananda)

SELF-REALIZATION FELLOWSHIP LESSEN

De wetenschappelijke meditatiemethoden die door Paramahansa Yogananda onderricht werden, inclusief Kriyayoga — samen met zijn richtlijnen over alle aspecten van een uitgebalanceerd spiritueel leven — worden gegeven in de *Self-Realization Fellowship Lessons*. Voor verdere informatie kunt u het gratis boekje *Undreamed-of Possibilities* aanvragen. Dit is verkrijgbaar in het Engels, Spaans en Duits.

www.ingramcontent.com/pod-product-compliance
Lightning Source LLC
Chambersburg PA
CBHW021227020426
42331CB00003B/504